AF318999

L'ARCHITECTURE FRANÇAISE

DU SIÈCLE

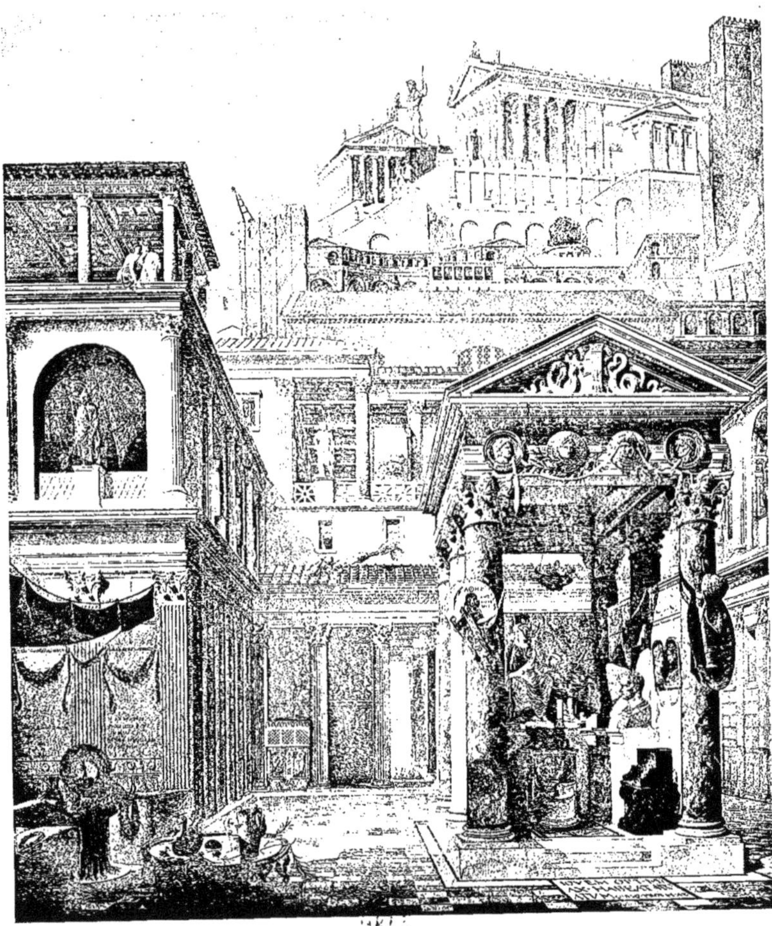

Palais romain sous l'Empire.

Composition de F. Duban (aquarelle).

L'ARCHITECTURE FRANÇAISE

DU SIÈCLE

PAR

M. LUCIEN MAGNE

ARCHITECTE

PARIS

LIBRAIRIE DE FIRMIN-DIDOT ET Cie

56, RUE JACOB, 56

—

1889

Tous Droits reservés.

L'ARCHITECTURE FRANÇAISE

DU SIÈCLE

L'architecture n'est pas seulement l'âme de tous les arts; elle est encore l'expression vive de chaque civilisation, et sur les édifices publics ou privés sont écrites, aussi sûrement que dans les livres, l'histoire générale des peuples et l'histoire particulière de l'homme.

La France ne revit-elle pas tout entière sur ses monuments? Voyez-la à sa naissance, au moment où le duché de France n'est encore que le berceau d'une grande nation : vous reconnaîtrez la double expression de son unité religieuse et de sa division politique dans les œuvres architecturales des grandes écoles, qui se partagent, au XII⁰ siècle, le territoire français : école bourguignonne, école champenoise, école de l'Ile-de-France, école normande, école d'Aquitaine, école auvergnate, école languedocienne, école provençale.

Plus tard, Philippe-Auguste et Saint Louis ont fondé l'unité française, et l'art provincial de l'Ile-de-France devient l'art national, grandissant avec le domaine royal, qu'il

1

couvre de chefs-d'œuvre, tandis que l'Aquitaine, séparée de la France par le mariage d'Éléonore de Guyenne avec Henri Plantagenet, conserve longtemps encore son art particulier.

La monarchie française continue, quoique lentement, sous les derniers Capétiens, l'œuvre d'affranchissement commencée par Louis le Gros, défendant, contre l'autorité même des papes, l'indépendance de notre pays. Entourée d'ennemis, elle ne dédaigne pas l'appui des milices communales, qui ont glorieusement combattu à Bouvines, et les hôtels de ville, élevés au Nord et au Midi, rappellent encore les franchises accordées par les rois aux communes.

La société civile se développe sous l'influence de la religion chrétienne, qui donne à la femme une place respectée dans la famille; et la grande salle de la maison du moyen âge, avec sa cheminée monumentale, ses fenêtres ouvertes gaiement sur la rue, demeure comme le témoin de la vie intime de nos ancêtres.

Mais, avec les Valois, commence pour la France une longue période de guerres; Anglais et Français se disputent pendant un siècle, avec des alternatives de succès et de revers, l'héritage des Plantagenet.

Et voici que les châteaux se dressent de toutes parts. La vie n'est plus en sûreté, même dans les villes, où la disposition sinueuse des rues et le groupement des maisons sont imposés par les besoins de la défense. Les églises sont protégées par des ouvrages militaires. Les abbayes deviennent des forteresses. La guerre étrangère entretient sur notre sol des bandes armées qui le ravagent, jusqu'au jour où Jeanne d'Arc repousse l'ennemi hors du territoire.

A peine arrachée au joug des Anglais, la France est de nouveau mise en péril par une rébellion des seigneurs, ligués sous prétexte du Bien public, et le génie d'un Louis XI est nécessaire pour dompter cette brillante chevalerie qui, depuis les croisades, est toujours en quête d'aventures.

La guerre ne fait d'ailleurs que ralentir la marche de l'art français, qui, pendant le xiv⁰ siècle, a débordé au delà des limites du domaine royal, et dont l'unité, tempérée par les conditions particulières aux climats et aux matériaux, est complète au xv⁰ siècle.

Bientôt l'art se transforme avec les idées. Dans les provinces qui ont le moins souffert de la guerre, en Flandre, en Bourgogne, en Anjou, la fortune pu-

Fig. 1. — Colonne de la Grande Armée. Place Vendôme, à Paris.

Gondouin et Le Père, architectes.

blique s'est considérablement accrue ; le mobilier et le costume attestent les goûts somptueux des nobles et des bourgeois : l'architecture s'enrichit, mais se complique de toutes les exagérations du luxe. Ce ne sont que gâbles ajourés, pinacles hérissés de crochets, branches de feuillage courant dans les moulures, chimères ou gargouilles accrochées aux contreforts.

La réaction est proche ; car la foi religieuse s'affaiblit en même temps que grandit le culte de la forme humaine, qui semble devoir être la fin dernière de l'art. C'est une influence étrangère qui détermine cette évolution.

L'Italie, qui était restée en dehors du mouvement artistique français au moyen âge, reprend, dès la fin du xive siècle, les traditions abandonnées de l'antiquité païenne, recherchant avant tout la beauté abstraite dans la création de types, dont les proportions et les formes résultent d'une sélection des qualités naturelles, tandis qu'en Flandre, comme dans les autres provinces françaises, l'art se transforme par l'étude exclusive et sincère de la nature.

La monarchie française, désormais puissante et respectée, consacrant une part de son activité au progrès des arts et des lettres, subit le prestige des chefs-d'œuvre de l'école florentine, et le résultat le plus clair des guerres d'Italie est la conquête momentanée de la France par les artistes italiens.

L'architecture religieuse, malgré l'abus des allégories païennes, inaugurées par le *Songe de Poliphile*, conserve encore en France, au xvie siècle, les dispositions générales usitées au moyen âge. Mais l'architecture civile est complètement transformée sous François Ier et sous Henri II. La vie élégante et licencieuse s'accommode mal de l'appareil militaire des siècles précédents. De larges escaliers, somptueusement décorés, remplacent les escaliers à vis. Le château et la maison s'ouvrent de tous côtés à la lumière. Des portiques et des galeries de fêtes se développent à côté des appartements.

La mode est à l'antique; tout d'abord le goût nouveau ne
se manifeste que dans la décoration extérieure des édifices
par de capricieux pilastres, par de séduisantes arabesques,
dont les formes sont encore appropriées aux traditions per-

Fig. 2. — Arc de Triomphe. Place du Carrousel, à Paris.

Percier et Fontaine, architectes.

sistantes de la construction française. Puis, après la décou-
verte de l'impression en creux et en relief des gravures,
les œuvres des maîtres italiens se répandent dans notre pays,
et les éditions de Vitruve se succèdent, imposant, comme
un dogme, la croyance aux proportions fixes des ordres
antiques; toutefois nos Pierre Lescot, nos Martin et nos

Pierre Chambiges, nos Jean Bullant, nos Philibert Delorme assujettissent ces prétendues règles à leur génie, conservant dans leurs œuvres ces qualités originales de distinction et de goût, qui, même dans ses erreurs, caractérisent l'art français.

Le XVIe siècle s'achève au milieu des troubles d'une épouvantable guerre religieuse, et les arts sont en complète décadence. Après le rétablissement de l'ordre, la société française se transforme de nouveau sous la dynastie des Bourbons. La France ne veut plus être à la merci d'une poignée de seigneurs turbulents, et l'illustre Richelieu conçoit et réalise le premier la puissance souveraine de l'État, qui aboutit fatalement à la monarchie absolue de Louis XIV, puisque l'État c'est le roi.

Les châteaux sont rasés; les grandes charges de connétable et d'amiral sont abolies; les gouverneurs de province et les parlements sont affaiblis par l'institution des intendants, chargés de représenter le roi dans l'administration de la justice, de la police et des finances et placés bientôt à la tête de chaque *généralité*.

Cette centralisation, nécessaire assurément, au début du XVIIe siècle, dans l'ordre administratif, s'étend bientôt à toutes les institutions et se substitue partout à l'initiative privée.

L'exercice de arts était jusqu'alors réservé aux *maîtres*, reçus dans chaque *corporation*, après qu'ils avaient prouvé leur savoir par la production d'un *chef-d'œuvre*. Pour soumettre à son influence les corporations, l'État crée des *académies*, dont les membres jouissent du droit de se recruter

Frontispice.

Composition de Ch. Percier (aquarelle).

eux-mêmes, d'exercer librement leur art et de l'enseigner.

L'Académie de peinture et de sculpture, fondée par Mazarin en 1648, et l'Académie d'architecture fondée par Colbert en 1671 ne sont en réalité que des corporations pri-

Fig. 3. — Fragments antiques.
Composition de Ch. Percier (aquarelle).

vilégiées. L'émulation est entretenue dans l'école académique par la création en 1664 de l'École française de Rome, dont les pensionnaires, désignés après concours par l'Académie, achèvent leurs études en Italie aux frais du roi.

Les académies, dont l'institution et les règlements sont empruntés à l'Italie, exercent désormais sur l'enseignement des arts une influence décisive. L'art est réglementé. L'œuvre d'architecture n'est plus l'expression originale d'une idée ou d'un besoin, mais la résultante de lois arbitraires de proportions. C'est le triomphe de la théorie des ordres. Peu importe que l'édifice projeté soit un palais, une église, un théâtre, une caserne ou un hôtel. La formule italienne, qui est la formule académique, doit suffire à tout.

Hardouin Mansart, chargé par Louis XIV de décorer la place Vendôme, élève en 1686 des façades monumentales, qu'il doit démolir, faute d'acquéreurs, en 1699. Les lettres patentes du 7 avril 1699 constatent que « ces murs de face, quoique convenables par leur élévation et leur architecture à la grandeur de la place, étaient incommodes et impraticables pour les particuliers qui auraient voulu y faire construire ». Les façades de Mansart n'étaient que des paravents, qui devaient sans doute embarrasser les Parisiens du xviie siècle.

En l'absence d'idées originales, la symétrie devient une des lois de l'architecture, et la société nouvelle subit, sans se plaindre, pendant un siècle, un art d'apparat dont la majesté l'étonne, mais dont les dehors brillants dissimulent mal la misère.

C'est à peine si, en 1738, Frezier ose s'élever contre la superposition des *ordres*, imaginée par les Italiens.

« Qu'on amène un sauvage de bon sens, dit-il, et qu'on le place devant le fameux portail de Saint-Gervais : il croira voir trois habitations les unes sur les autres. Si, après lui avoir expliqué que les corniches représentent la saillie des toits, on le faisait entrer dans les églises modernes, que dirait-il d'y en trouver et des plus saillantes? Toute mésestimée que soit l'architecture gothique, il lui donnerait sans doute la préférence, en ce qu'elle ne fait pas parade d'une imitation si mal placée. »

Sans doute, le génie français se manifeste encore, et

Fig. 4. — Vue intérieure du Panthéon.

Étude pour la construction du dôme, par Brongniart.

quelques-uns des monuments élevés sous Louis XIV et sous Louis XV ont un véritable caractère de grandeur.

Le palais de Versailles nous rappelle, par sa belle ordonnance, la majesté de cette cour fastueuse, dont l'oisiveté préparait la ruine de la noblesse française, en absorbant toutes les ressources des classes privilégiées.

Les monuments élevés par Gabriel sur la place Louis XV,

et dont l'un est occupé aujourd'hui par le ministère de la marine, sont assurément des chefs-d'œuvre.

L'architecture religieuse n'est pas en progrès. L'église Saint-Louis, l'église du Val-de-Grâce, l'église des Invalides, l'église Saint-Sulpice sont des manifestations artistiques d'autant plus intéressantes qu'elles sont plus rares.

Elles cessent presque complètement au xviiie siècle. En 1764, Louis XV pose la première pierre de l'église Sainte-Geneviève (le Panthéon). L'église de la Madeleine est commencée la même année; mais ces deux édifices changent plusieurs fois de destination avant d'être achevés.

Le xviiie siècle appartient à la philosophie qui professe, par ignorance, le mépris et la haine pour les arts du moyen âge. Les nobles et les prêtres sont d'ailleurs des disciples des philosophes. Les plaisanteries de Voltaire décident les chanoines de la cathédrale d'Autun à détruire de leurs mains l'admirable tombeau de saint Lazare, qui existait encore au siècle dernier dans la cathédrale, et à cacher sous un enduit les sculptures du grand portail. Le Vieil, dans son *Histoire de la peinture sur verre,* se vante d'avoir remplacé par du verre blanc les vitraux anciens de Notre-Dame. Plus tard, en 1806, un architecte du Palais-Bourbon, Petit-Radel, qui fut, dit-on, inspecteur général des bâtiments civils, exposera un projet pour la « destruction d'une église gothique par le moyen du feu ».

Si l'église est délaissée, le théâtre est en honneur. La noblesse oisive donne au spectacle le temps qu'elle ne passe pas dans les ruelles, et l'architecture française sait encore créer des œuvres charmantes pour exprimer ce goût nou-

Fig. 5. — Projet pour les portes du Panthéon.

Composition de P. Baltard (dessin à l'encre de Chine).

veau : c'est la salle de spectacle du château de Versailles, construite par Gabriel ; c'est le théâtre de l'Odéon, élevé par Peyre et Dewailly ; c'est encore le Théâtre-Français et le théâtre de Bordeaux, œuvres de Louis.

Les divertissements de la cour de Louis XVI semblent être une protestation contre les scandales du dernier règne. Mais les scènes pastorales du Petit-Trianon n'ont pas d'action sur le peuple, exaspéré par le gaspillage des fonds publics, par les abus de toute sorte, par les ruineuses fantaisies de ces prétendues classes dirigeantes, qui ne dirigent plus rien, oubliées dans les provinces qu'elles n'habitent plus, et déconsidérées par leurs complaisances envers la Cour.

L'art, comme la philosophie, semble chercher dans l'étude de l'antiquité le remède à tous les maux. Pendant que le philosophe prend pour modèles d'un nouvel ordre social les républiques de la Grèce ou de l'Italie, l'architecte étudie passionnément les monuments grecs et romains, et cherche à les reproduire dans leur pureté primitive. C'est le début de l'archéologie dans l'art. Ledoux, l'architecte des barrières de Paris, est l'un des promoteurs de cette réforme.

D'ailleurs, en 1789, la Révolution française était faite dans les esprits, avant d'être réalisée par les institutions. L'abolition de tous les privilèges ou droits féodaux, l'égalité devant la loi, la liberté de conscience, l'admission de tous les citoyens aux fonctions publiques, tous les principes enfin du droit moderne ne sont que consacrés par les Assemblées constituante et législative.

En supprimant les académies, après les corporations, la Convention semble devoir donner une direction nouvelle à

l'enseignement des arts, que lui lègue l'ancien régime.
L'Institut, créé par la loi du 3 brumaire an IV, et organisé
sous le Directoire par le règlement du 15 germinal an IV
(4 avril 1796), n'est pas une corporation enseignante, mais
plutôt une assemblée réunissant l'élite des savants, des
littérateurs et des artistes, qui se sont le plus distingués par

Fig. 6. — Fontaine de l'Éléphant. Place de la Bastille.

Composition d'Alavoine (aquarelle).

leurs œuvres, et dont le mérite est consacré par le choix même
de leurs pairs. L'École de Rome conserve sa destination, et
l'Institut tout entier a dans ses attributions le jugement des
prix de Rome, réservé plus tard à la classe des Beaux-
Arts seule, lorsque, par un arrêté du 3 pluviôse an XI, le
Premier Consul divise l'Institut en quatre classes correspondant aux anciennes académies.

La création d'une école nationale pour l'enseignement

des arts paraît devoir être la conséquence de l'organisation nouvelle de l'Institut. Elle rencontre des adversaires. Le peintre David, hostile à l'enseignement académique, affirme que l'atelier du peintre est la meilleure école. L'architecte Antoine Vaudoyer déclare que l'enseignement de l'architecture doit comprendre l'étude des principes de composition et de construction sur les monuments anciens, ainsi que l'histoire de l'architecture des différents peuples. « Les jeunes architectes excellent, dit-il, dans la théorie et dans le dessin, et reviennent souvent de Rome sans avoir la moindre notion des constructions. Le gouvernement ou les particuliers qui les emploient les premiers, payent très cher leurs premières écoles en ce genre. » Tous reconnaissent la nécessité d'un enseignement pratique complétant l'enseignement théorique de l'art.

L'École des beaux-arts est définitivement organisée comme institution de l'État par un décret du 11 janvier 1806 qui attribue à l'empereur la nomination des professeurs. Mais les traditions de l'ancienne Académie subsistent toujours ; car les professeurs sont choisis dans la quatrième classe de l'Institut.

Ainsi la Révolution française, qui semble avoir renouvelé toutes les institutions de l'ancien régime, ne modifie qu'en apparence l'enseignement des arts, et notre architecture subit encore le joug des Grecs et des Romains. Toutefois, l'étude approfondie des chefs-d'œuvre de l'antiquité inspire à des artistes convaincus, tels que les peintres Vien et David, tels que les architectes Percier, Fontaine et Baltard, la passion du dessin qu'ils transmettent à leurs élèves ; leurs

Chapelle expiatoire, à Paris.

Fontaine, architecte.

œuvres se distinguent par une pureté de formes, qui n'est pas toujours exempte de sécheresse et dont l'influence s'étend à toutes les branches de l'art.

Les prodigieuses victoires des armées françaises sous la

Fig. 7. — Projet pour l'achèvement de l'Arc de Triomphe de l'Étoile.

Composition de Huyot (aquarelle).

République, le Consulat et l'Empire, ont pour expression des monuments commémoratifs dont l'antiquité fournit les modèles. La colonne de la Grande Armée (fig. 1), élevée sur la place Vendôme par Gondouin et Le Père, est un souvenir de la colonne Trajane. L'Arc de Triomphe, construit par Percier et Fontaine sur la place du Carrousel (fig. 2), a les proportions générales d'un arc antique. Chalgrin commence en 1806 le magnifique arc de triomphe de l'Étoile, dont les travaux sont interrompus en 1813. Un concours est ouvert pour la transformation de l'église de la Madeleine en un temple de la gloire, dédié à la Grande Armée. Napoléon en donne lui-même le programme au camp de Posen le 2 décembre 1806. Les projets lui sont envoyés à Tilsitt et, par une dépêche adressée à M. de Champagny le 30 mai 1807 du camp de Finckenstein, il déclare que le plan de M. Vignon est le seul qui remplisse ses intentions. « C'est un temple que j'avais demandé, écrit-il, et non une église. Que pouvait-on faire, dans le genre des églises, qui fût dans le cas de lutter avec Sainte-Geneviève, même avec Notre-Dame et surtout avec Saint-Pierre de Rome ? »

Ainsi le goût des arts de l'antiquité n'exclut pas chez l'Empereur toute admiration pour les arts du moyen âge ; Percier lui-même dessine avec amour nos vieux monuments français. Cet éminent artiste, ne dédaignant aucune des parties de son art, s'attache particulièrement au mobilier et renouvelle la décoration intérieure par l'appropriation des formes antiques.

Ses compositions, en forme de frontispices, sont d'une extrême élégance. Il nous suffira de citer le « Monument consacré aux arts » que possède le musée du Louvre et les dessins que Mme Jacob Desmalter (pl. I) et M. Fontaine (fig. 3) ont bien voulu nous prêter pour l'Exposition du centenaire de l'art français. L'École des beaux-arts conserve encore un magnifique dessin de Percier, où sont réunis des fragments d'architecture empruntés au château d'Écouen, aux tombeaux de Saint-Denis, aux églises de Pontoise et de Villiers-le-Bel.

C'est à Fontaine et à Percier que l'on doit le dégagement du Louvre et la construction du grand escalier du musée, aujourd'hui détruit. L'immense palais du roi de

Fig. 8. — Église de la Madeleine, à Paris.

Vignon et Huvé, architectes.

Rome, qu'ils devaient élever sur les hauteurs du Trocadéro, n'a pu être réalisé.

Les édifices religieux ou civils, élevés sous la République et sous l'Empire, sont en petit nombre. L'École de médecine de Gondouin et l'Hôtel des monnaies d'Antoine sont antérieurs de quelques années à la Révolution. Rondelet achève l'église Sainte-Geneviève (le Panthéon) par la construction du dôme. Cette construction qui nécessite la consolidation des piliers préoccupe tous les architectes. Brongniart formule son avis sur cette intéressante question par des dessins en perspective, qui révèlent la science d'un constructeur accompli (fig. 4).

L'architecture comprenait d'ailleurs à cette époque toutes les études qui semblent être aujourd'hui du domaine de l'ingénieur. Les cartons de Brongniart contiennent de curieux dessins relatifs à l'établissement d'un pont en charpente sur la Seine, à la construction des moulins à eau.

Brongniart commence en 1808 la Bourse de Paris. Les ordres antiques y sont plus que jamais en honneur. On les retrouve dans les constructions privées, dans l'hôtel de Galliffet, construit par Legrand, et dans les monuments pittoresques du parc de Méreville, dessinés par Belanger. C'est une ordonnance de colonnes qui forme la façade du Palais de Justice de Lyon, œuvre de Pierre Baltard.

Ce serait toutefois une erreur que de considérer les architectes contemporains de Percier comme des disciples soumis de l'école romaine. Il suffit d'étudier une seule figure, celle de Pierre Baltard, architecte, peintre et graveur, pour comprendre la passion du beau qui animait ces hommes éminents. Les compositions de Baltard pour l'Arc de triomphe, pour la colonne commémorative des victoires de la Révolution, pour les portes du Panthéon (fig. 5), dénotent, mieux encore que ses admirables gravures d'Écouen et du Louvre, une élévation de la pensée, une originalité de l'expression qui, dans une autre époque, dans un autre milieu, eussent assurément produit des œuvres de premier ordre.

Baltard semble avoir été plutôt l'élève de la Renaissance française que le disciple des Romains. Malheureusement il n'eut que tardivement l'occasion de produire une œuvre, et son Palais de Justice de Lyon ne réalisa pas les espérances que pouvaient faire concevoir ses admirables dessins.

Les compositions d'Alavoine, sa fontaine de l'Éléphant,

Fig. 9. — Colonne de la Bastille.

L. Duc, architecte.

(fig. 6) élevée à l'emplacement de la Bastille, et son projet de monument à Napoléon Ier [1], sont encore des manifestations intéressantes de l'architecture sous l'Empire.

Le goût pour l'art antique est entretenu par les pensionnaires de l'École de Rome, dont les travaux se distinguent par la perfection des détails. En dehors de l'école,

1. Dessins appartenant à M. Debressenne.

un élève de Percier, Mazois, appelé à Naples par Joachim Murat, dessine de 1809 à 1811 les ruines de Pompéi dont il entreprend la magnifique publication à Paris en 1817. On commence même à regarder les monuments romains de l'ancienne Gaule. Caristie, à son retour de Rome, dessine l'arc d'Orange.

Les désastres de nos armées, en 1814 et en 1815, et la Restauration, qui les suit, n'ont qu'une influence passagère sur l'art français. Sans doute le retour des Bourbons a pour conséquence le triomphe de la tradition académique dans l'enseignement. Une ordonnance du 4 août 1819 rend aux professeurs le droit de se recruter eux-mêmes et leur confie l'administration de l'École des beaux-arts. L'école cantonnée dans l'étude abstraite de formes et de proportions empruntées aux monuments d'un seul pays et d'une même époque, reste d'abord étrangère au progrès des idées modernes, et, sous la direction de professeurs plus exclusifs que Percier, l'étude des ordres italiens devient la base même de l'enseignement. Lebas publie avec Debret les œuvres complètes de Jacques Barozzio; mais l'ouvrage n'a que quatorze livraisons, et son insuccès semble prouver que l'enseignement académique ne jouit pas, hors de l'école, d'une très grande faveur. Lebas n'a-t-il pas été le professeur de Lassus, et Achille Leclère le maître de Viollet-le-Duc?

Nous assistons en effet au réveil de l'esprit français. Déjà Chateaubriand, dans son *Génie du christianisme,* a osé mettre en parallèle les monuments de la France chrétienne avec les monuments de la Grèce et de l'Italie païennes.

Cathédrale de Paris (restauration).

Lassus et Viollet-le-Duc, architectes.

Notre langue, expressive et claire, se lasse à son tour des emprunts étrangers et se retrempe aux sources de l'épopée nationale, qui inspire ses plus admirables chants à

Fig. 10. — Arc de Triomphe de l'Étoile, à Paris.

Chalgrin, Huyot et Blouet, architectes.

notre immortel Victor Hugo. La raison et la vérité pénètrent enfin dans le domaine réservé aux arts; on comprend que l'œuvre ne dépend pas d'une formule vide, mais de l'expression rationnelle d'une idée : une réforme artistique se prépare, et parmi les novateurs figurent au premier rang les élèves qui de 1821 à 1826 illustrent l'école de Rome, les Blouet, les Gilbert, les Duban, les Henri Labrouste, les Duc, les Vaudoyer.

Les monuments élevés sous la Restauration appartiennent encore à l'école de Percier. Percier vit à l'écart depuis 1815 ; mais Fontaine, nommé architecte du roi, élève l'un des édifices les plus caractéristiques de ce temps, la Chapelle expiatoire (pl. II). Lebas, élève de Percier, construit en 1824 l'église Notre-Dame-de-Lorette, dont il emprunte les éléments à l'église de Sainte-Marie-Majeure. Debret, élève de Percier, reconstruit la superbe salle de l'Opéra, rue Le Peletier, pour remplacer la salle de la place Louvois, démolie après l'assassinat du duc de Berry.

L'un des architectes les plus éminents de cette période, Huyot, déjà célèbre par les dessins qu'il rapporte de son voyage d'Égypte, est exclusivement occupé par l'enseignement et n'a point l'occasion de créer une œuvre originale.

L'arc de triomphe de Chalgrin avait changé de destination sous les Bourbons ; au lieu de rappeler les victoires de Napoléon, il devait consacrer la gloire de Louis XVIII et de Charles X : Huyot chargé de cette transformation ne peut terminer son œuvre (fig. 7) et son grand projet pour l'achèvement du Palais de Justice n'est pas suivi d'exécution.

Sous le règne de Charles X se poursuivent les travaux du monument qui est comme la couronne de l'école « romaine », l'église de la Madeleine (fig. 8). L'édifice avait été rendu à sa première affectation par ordonnance du 14 février 1816. Huvé, élève de Percier, succède en 1828 à

Palais du Louvre. Façade du bord de l'eau (restauration).

F. Duban, architecte.

Galerie d'Apollon au Louvre (Restauration).

F. Duban, architecte.

Vignon, comme architecte de la Madeleine, et achève l'édifice. La Madeleine résume dans sa magnifique ordonnance

Fig. 11. — Sainte-Chapelle du Palais à Paris (restauration).

Lassus, architecte.

extérieure tout l'enseignement tiré de l'art antique ; on ne trouve, ni en Grèce, ni en Italie, une œuvre qui lui soit supérieure par la grandeur des dimensions, l'harmonie des proportions ou la richesse des détails. L'ordonnance intérieure n'est pas moins remarquable, et la division de l'église en larges travées, couvertes par des coupoles, est d'un grand effet.

Cependant, tout en rendant hommage aux mérites de Vignon et d'Huvé, on peut se demander si la construction, sous notre ciel, d'un édifice tel que la Madeleine est une œuvre de raison; si le portique extérieur, avec son ordonnance régulière, est bien l'expression des divisions intérieures de l'église; si ce placage d'architecture antique ne dissimule pas sans motif l'ossature des coupoles; si les larges plates-bandes, appareillées entre les colonnes, sont aussi logiques que l'architrave monolithe du temple grec; si le respect des proportions relatives, qu'on a prétendu trouver dans les monuments anciens, autorise enfin le grandissement indéfini des divers éléments de l'architecture, au point de modifier absolument tout le système de la construction antique.

Tel était le problème qui se posait au moment où la monarchie parlementaire de Louis-Philippe succédait, après les journées de Juillet 1830, à la royauté de Charles X.

A cette époque commence véritablement un art nouveau. L'étude sincère des monuments anciens, qui semblait devoir éterniser en France l'école romaine, protège les artistes contre les dangers de l'imitation, en leur montrant, dans les œuvres qu'ils dessinent, l'expression juste d'idées et de besoins étrangers aux idées et aux besoins de la société moderne.

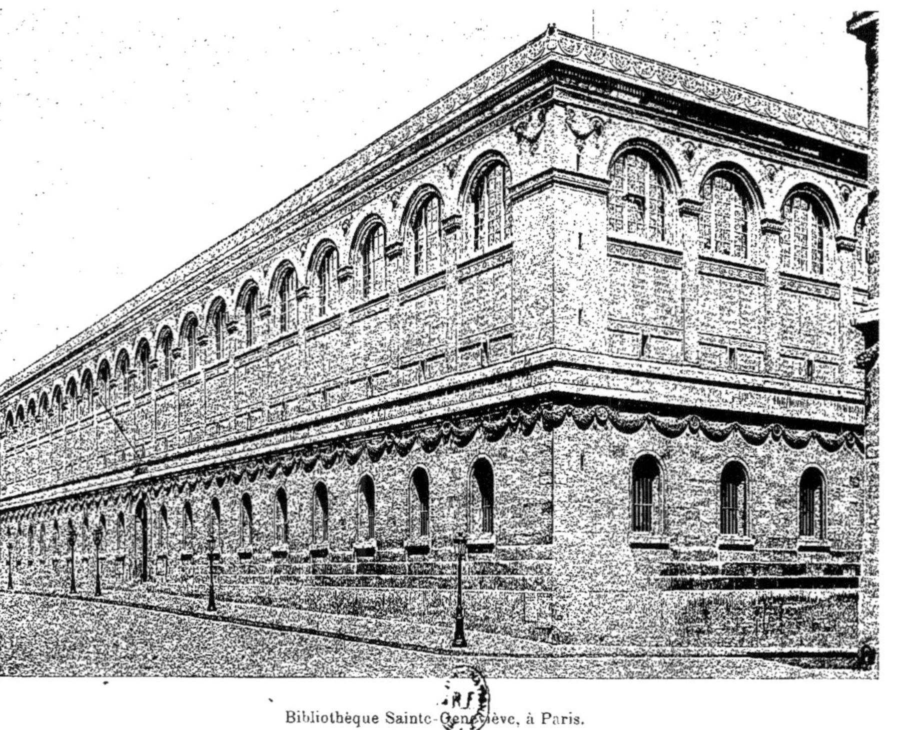

Bibliothèque Sainte-Geneviève, à Paris.

H. Labrouste, architecte.

Bibliothèque nationale, à Paris. Salle de lecture.

H. Labrouste, architecte.

L'une des premières œuvres qui réponde aux idées nouvelles est précisément la colonne commémorative des journées de Juillet (fig. 9), commencée par Alavoine, mais transformée par Louis Duc, qui en étudie tous les détails.

Si l'ordonnance générale est encore empruntée à la tradition antique, l'expression est absolument moderne et les

Fig. 12. — Hôtel de Ville de Paris (agrandissement).

Lesueur et Godde, architectes.

détails ont une distinction et une finesse qui caractérisent la personnalité de l'artiste.

En même temps, Blouet, déjà célèbre par sa magnifique restauration des thermes de Caracalla, et par les conquêtes de l'expédition scientifique de Morée, est chargé de terminer l'arc de triomphe de l'Étoile, qui reprend sa destination primitive (fig. 10). C'est sur les dessins de Blouet que sont exécutés non seulement les détails de l'attique qui couronne le monument, mais tous les détails de décoration extérieure. Blouet choisit comme collaborateur Rude, dont une œuvre immortelle, *le Départ,* élève la sculpture française au-dessus même de la sculpture grecque, en lui communiquant la vie et le mouvement.

Le champ des études s'étend chaque jour, et les lettres françaises ont la gloire de participer aux progrès de l'art moderne en réveillant l'enthousiasme, endormi depuis trois siècles, pour nos chefs-d'œuvre du moyen âge.

L'étude de l'architecture n'est plus limitée à l'analyse des monuments grecs ou romains. Les essais de restauration d'Alavoine à la cathédrale de Rouen et de Debret à l'église abbatiale de Saint-Denis ont démontré l'insuffisance de l'enseignement classique.

Dès l'année 1831, les Chambres françaises votent les premiers fonds nécessaires à la conservation des monuments de notre art. Vitet et Mérimée, nommés inspecteurs de monuments historiques, entreprennent, avec Didron et de Caumont, une campagne ardente en faveur de l'archéologie chrétienne. Un arrêté du 29 septembre 1837 institue une commission des monuments historiques, où sont appelés les architectes Duban et Caristie. A la suite d'un concours, deux éminents artistes, Lassus et Viollet-le-Duc, sont chargés en 1845 de restaurer Notre-Dame de Paris (pl. III). Lassus avait exposé en 1835 un remarquable projet pour la restauration de la Sainte-Chapelle dont il restituait la flèche (fig. 11). Il est adjoint à Duban, comme inspecteur, pour suivre les travaux de cet admirable monument, dont il conserve la direction, lorsque Duban se consacre tout entier à sa magnifique restauration du Louvre (pl. IV et V) et à sa restauration

Loges du Vatican, à Rome.

Restitution par E. Viollet-le-Duc (aquarelle).

Théâtre antique de Taormine en Sicile.

Restitution, par E. Viollet-le-Duc (aquarelle).

du château de Blois. Nos monuments français, relevés de leurs ruines, excitent en France et à l'étranger une légitime admiration.

Ainsi s'établissent deux écoles rivales dans l'enseigne-

Fig. 13. — Villa antique à Baïa.
Composition de F. Duban (aquarelle).

ment de l'architecture. L'une, dirigée par l'Académie des beaux-arts, persiste dans l'étude exclusive des monuments grecs et romains, trop souvent confondus avec les œuvres de la renaissance romaine du XVIe siècle : c'est l'école classique ; l'autre, dont Lassus est le chef, prétend trouver dans l'étude des monuments créés sur notre sol, et appropriés à nos mœurs et à notre climat, les éléments de l'art nouveau : c'est l'école romantique.

Entre les deux écoles, des artistes distingués : les Duc, les Duban, les Henri Labrouste, élargissent la voie de l'art nouveau en cherchant, comme les romantiques, à faire de l'œuvre l'expression décorative de l'idée ou du besoin qui l'a fait naître. Une nouvelle matière, le fer, apporte à l'école *rationaliste* un élément caractéristique de décoration.

Mais les novateurs, d'où qu'ils viennent, sont également suspects aux défenseurs de la tradition romaine, aux disciples de Vignole, qui jouissent encore, dans l'enseignement, d'une influence considérable par l'organisation même de l'École des beaux-arts, le jugement des grands prix étant attribué aux professeurs. « Les professeurs, écrit Gustave Planche, en jugeant leurs élèves, jugent leur enseignement, et il est permis de croire qu'ils le jugent avec indulgence. »

Dès 1831, une réforme de l'École est projetée par M. de Montalivet, alors ministre de l'intérieur ; mais le droit de modifier l'enseignement est réclamé par l'Académie comme l'une de ses prérogatives, et la réforme n'aboutit pas.

La lutte se poursuit entre les représentants des deux écoles extrêmes, les classiques et les romantiques ; cette lutte féconde profite surtout à l'école rationaliste dont les œuvres originales marquent en quelque sorte, étapes par étapes, la route de l'art moderne.

Tandis que Lesueur et Godde, architectes de l'Hôtel de Ville de Paris (fig. 12), que Bonnard et Lacornée, architectes

Église Saint-Bernard à Paris.

A. Magne, architecte.

de la Cour des comptes et du Palais du quai d'Orsay, créent,
dans le goût des œuvres de la renaissance romaine, des monuments qui appartiennent encore à l'art de la Restauration ;
tandis que Lassus, épris de l'architecture du moyen âge, au
point de croire qu'elle peut suffire à tous les besoins

Fig. 14. — Châsse de Sainte-Radegonde.

Composition de Lassus (aquarelle).

modernes, élève en 1843 sa belle église Saint-Nicolas de
Nantes, puis à Paris son église de Belleville, œuvres inspi-
rées du style du xiiie siècle qu'il affectionnait, Henri Labrouste
commence en 1845 sa bibliothèque Sainte-Geneviève (pl. VI),
conception hardie, où l'ancien pensionnaire de Rome rompt
avec la tradition antique, et ose utiliser le fer apparent pour
la décoration d'une grande salle ; Victor Baltard, succédant
à Paul Lelong, élève en 1846 l'hôtel du Timbre, dont les

façades un peu lourdes, mais bien assises, ont un réel caractère de solidité et de grandeur; Duban entreprend la reconstruction de l'École des beaux-arts, donnant à toutes les parties de son œuvre un charme inexprimable, par la pureté des profils et la délicatesse des ornements. Il occupe encore ses loisirs par la composition de brillantes aquarelles, souvenirs des études faites en Italie avec Duc et Vaudoyer, ou restitutions merveilleuses d'un palais romain sous l'Empire (frontispice), de l'intérieur d'un tombeau étrusque, d'une rue à Pompéi, d'une villa antique à Baïa (fig. 13). Gilbert, appliquant les ressources de son esprit aux grandes conceptions utilitaires, édifie la prison de Mazas et l'asile d'aliénés de Charenton. Questel élève l'église Saint-Paul de Nîmes, puis la Préfecture et le remarquable Musée de Grenoble.

Les maîtres de l'école rationaliste ouvrent des ateliers pour la propagation de leur doctrine. L'atelier d'Henri Labrouste se distingue entre tous par l'élévation et le libéralisme de son enseignement; mais l'École des beaux-arts reste fermée aux novateurs, et de 1831 à 1855, les élèves de l'atelier Labrouste n'obtiennent aucun succès dans les concours de l'École. Et cependant les œuvres de Labrouste proclament hautement la vérité de sa doctrine. Quoi de plus imposant que ce tombeau projeté pour Napoléon I[er1], où l'artiste abrite sous un immense bouclier la dépouille du conquérant? Quoi de plus original que la décoration projetée pour le pont de la Concorde, dont les études successives témoignent d'efforts sans cesse renouvelés? Quoi de plus séduisant que ces compositions antiques où l'artiste fait revivre quelques coins

1. Cul-de-lampe.

Église de la Trinité, à Paris.

Th. Ballu, architecte.

de cette terre classique où il a vécu? Quoi de plus largement conçu et de mieux disposé pour l'étude, que la grande
salle de lecture (pl. VII) de la Bibliothèque nationale?

Nul mieux que Labrouste ne semblait désigné pour
réaliser l'évolution nécessaire entre l'école académique et

Fig. 15. — Église Saint-Augustin, à Paris. Vue extérieure.
V. Baltard, architecte.

l'école moderne; mais la lutte entre les romantiques et les
classiques était trop ardente pour que la raison pût triom-
pher. L'Académie, par la voix de son secrétaire perpétuel,
Raoul Rochette, déclare que, « sous le rapport de la solidité,
les édifices gothiques manquent des conditions qu'exigerait
aujourd'hui la science de l'art de bâtir... On n'y voit, dit-il,
aucun système de proportion; les détails n'y sont jamais en
rapport avec les masses; tout y est capricieux et arbitraire

dans l'invention comme dans l'emploi des ornements. »

« Le gothique du xiiie siècle, écrit Lassus, et celui qui l'a suivi jusqu'au xvie siècle, voilà notre art national à ses différents degrés ; tout le reste, depuis et y compris la renaissance jusqu'à nos jours, ne peut être considéré que comme le produit de la mode. »

Assurément Lassus a raison de critiquer l'emploi, dans notre art du xixe siècle, de formes empruntées à la Grèce ou à l'Italie ; mais la résurrection, au xixe siècle, de l'architecture du moyen âge, tentée par Lassus avec un immense talent, n'est pas moins critiquable.

La vérité, Viollet-le-Duc va bientôt la proclamer dans ses *Entretiens d'architecture,* dans la préface de son admirable *Dictionnaire,* en réduisant à leur valeur archéologique les études faites sur tous les monuments de toutes les civilisations antérieures à la nôtre. C'est lui qui, le premier, introduit dans l'enseignement de l'art, avec la méthode historique, l'usage de l'analyse, donnant à l'esprit les moyens de saisir les rapports entre l'œuvre ancienne et l'idée ou le besoin qu'elle exprime, et de trouver, par comparaison, l'expression juste et originale qu'exige chaque œuvre nouvelle. Viollet-le-Duc a relevé et dessiné les monuments de l'Italie et de la Sicile, avec une conscience dont pourraient être jaloux les pensionnaires de l'École de Rome. Son aquarelle des Loges du Vatican (pl. VIII), ses dessins du théâtre de Taormine (pl. IX), sont parmi les plus beaux qui aient jamais été faits. Mais l'art italien n'a pas absorbé toute l'attention de l'artiste, et c'est par l'analyse des monuments français qu'il prélude à l'enseignement rationnel de l'architecture.

Église Saint-Augustin. Vue intérieure.

V. Baltard, architecte.

FIG. 16. — Église Saint-Pierre de Montrouge. Façade principale.

E. Vaudremer, architecte.

Dès lors l'architecture est étudiée successivement dans tous les pays et à toutes les époques.

Tandis que les archives des monuments historiques, formées par les dessins des Duban, des Viollet-le-Duc, des Lassus, des Vaudoyer, des Millet, des Ruprich-Robert, des Bœswilwald, deviennent comme le trésor de l'art français, Hector Horeau, un philosophe et un poète comme Constant Dufeux, explore l'Égypte; Goury dessine avec Owen Jones l'Alhambra de Grenade; Hittorf, qui achève l'église Saint-Vincent-de-Paul, publie les documents qu'il a recueillis pendant ses voyages sur l'architecture polychrome en Grèce et en Sicile, et en fait une heureuse application dans son remarquable Cirque des Champs-Élysées.

Telle est la situation des écoles qui se partagent l'enseignement de l'architecture, au moment où la monarchie parlementaire de Louis-Philippe est renversée par la révolution de Février 1848.

La durée de la seconde République est trop limitée pour qu'elle puisse exercer une sérieuse influence sur les arts. C'est cependant dans cette période que Duban exécute ses admirables restaurations du Louvre, à la galerie d'Apollon (pl. V), au Grand Salon carré et à la salle des Sept Cheminées.

Le second Empire assiste au développement des écoles rivales, qui absorbent les tentatives de l'école rationaliste.

L'architecture religieuse est transformée momentanément par Lassus. L'influence de cet éminent artiste est considérable. Il est l'incarnation même de l'architecture gothique, soit qu'il reproduise par d'admirables dessins la

Église Saint-Pierre de Montrouge. Vue de la nef.

E. Vaudremer, architecte.

cathédrale de Chartres, soit qu'il compose de toutes pièces un chef-d'œuvre d'orfèvrerie comme la Châsse de Sainte-Radegonde (fig. 14). Il semble, grâce à lui, que la foi chrétienne ait trouvé dans les monuments du moyen âge son expression définitive, et cette erreur, excusable par l'idée

Fig. 17. — Palais de Justice de Paris. Façade sur la place Dauphine.

L. Duc, architecte.

généreuse qui l'a fait naître, est partagée par les esprits les plus indépendants.

Auguste Magne, dont un projet original pour la construction de l'église Saint-Louis (1850) laissait pressentir la création d'un édifice religieux vraiment moderne, s'engage dans le chemin tracé par Lassus et construit à Paris, en s'inspirant de l'architecture du xve siècle, l'église Saint-Bernard (pl. X).

Théodore Ballu, chargé de l'achèvement de l'église

Sainte-Clotilde et de la restauration de la tour Saint-Jacques, construit, suivant les formes et les dispositions des édifices de l'époque romane, l'église d'Argenteuil et l'église Saint-Ambroise. En même temps il élève, dans le goût des monuments du xvie siècle, l'église de la Trinité, dont la façade principale est particulièrement séduisante (pl. XI).

En dépit de leurs qualités, ces œuvres de restitution archéologique ne peuvent exercer une influence durable sur l'art de notre siècle. Au contraire, malgré la sécheresse de quelques détails, l'église Saint-Augustin de Baltard (fig. 15), avec son dôme sur pendentifs et ses voûtes construites en fer apparent (pl. XII), est une œuvre d'initiative, et l'église Saint-Pierre de Montrouge (fig. 16), conception vraiment personnelle, classe M. Vaudremer parmi les maîtres de l'école moderne. Concordance absolue entre le plan et l'élévation, harmonie complète entre la construction et la décoration, emploi rationnel des matériaux, tout concourt à l'unité de cette belle œuvre (pl. XIII).

Les monuments de l'architecture civile, élevés sous le second Empire, caractérisent mieux que les monuments religieux les tendances de l'art nouveau.

Victor Baltard, chargé de la reconstruction des Halles centrales, abandonne, après un essai critiquable, le système des clôtures en pierre, usité jusqu'alors, et se lançant hardiment dans l'inconnu, réalise une œuvre nouvelle en couvrant d'immenses espaces par des constructions métalliques. On a contesté à Baltard la priorité de cette conception ; mais il suffit de comparer son œuvre aux études publiées en 1854, dans la *Revue d'architecture* de César Daly, par Horeau,

Palais de Justice de Paris. Salle des Pas-Perdus de la Cour d'assises.

L. Duc, architecte.

Palais du Louvre. Cœur du Carrousel.

Visconti et Lefuel, architectes.

Nicolle, Flachat, pour reconnaître que les Halles de Baltard
n'ont que de lointains rapports avec les ingénieux essais de
ses concurrents.

Louis Duc commence avec Dommey et poursuit avec

Fig. 18. — Cathédrale de Marseille. Façade principale.

L. Vaudoyer, architecte.

M. Daumet l'exécution de son projet du Palais de Justice,
dont la salle des Pas-Perdus est un chef-d'œuvre (pl. XIV).
La façade sur la place Dauphine (fig. 17) pèche peut-être,
comme plusieurs œuvres contemporaines, par quelques
défauts d'ensemble; mais les détails sont d'une exquise
recherche. Hittorf, architecte d'un goût moins sûr, mais

excellent constructeur, élève le Cirque du boulevard du Temple et plus tard la gare du Nord, inutilement embarrassée à l'extérieur d'ordres antiques, mais largement conçue à l'intérieur et offrant un intéressant exemple de halle couverte par des fermes à grande portée. Grisart construit, rue de la Banque, une caserne, dont la façade aux profils robustes a bien le caractère qui convient à sa destination.

L'achèvement du Louvre et sa réunion aux Tuileries fournissent aux architectes Visconti et Lefuel l'occasion d'une conception vraiment grandiose; mais l'obligation même que s'imposent ces artistes de respecter les formes de la renaissance française ne leur permet pas d'introduire des éléments nouveaux dans la décoration monumentale. Quoi qu'il en soit, les bâtiments de la cour du Carrousel, élevés par Lefuel après la mort de Visconti, forment un magnifique complément au palais du xviᵉ siècle (pl. XV).

L'art moderne, qui fraye lentement sa route entre les pastiches d'architecture grecque ou romaine et les pastiches d'architecture du moyen âge, doit lutter bientôt contre un nouvel ennemi, l'*éclectisme,* « ce principe dissolvant de tout art et de toute poésie ».

Les luttes des classiques et des romantiques jettent en effet le doute dans les esprits les mieux trempés. Les classiques proclament comme nécessaire l'existence, entre toutes les parties de l'œuvre, de proportions relatives, indépendantes des dimensions réelles : les romantiques, par la voix de Lassus, énoncent comme un principe d'architecture rationnelle, tiré de tous les édifices du moyen âge, la substitution à la proportion relative de la proportion hu-

Palais de Longchamp, à Marseille.

Espérandieu, architecte.

maine, l'homme devant être en quelque sorte l'unité de
mesure des édifices construits pour son usage.

La logique de l'art français séduit des hommes éminents
comme Léon Vaudoyer, comme Paul Abadie, qui, élevés
dans le respect des formes classiques, cherchent à les con-
cilier avec les traditions du moyen âge.

Deux œuvres remarquables, le Conservatoire des Arts

Fig. 19. — Cathédrale de Marseille. Façade latérale.

L. Vaudoyer, architecte.

et Métiers de Vaudoyer et l'Hôtel de ville d'Angoulême
d'Abadie caractérisent bien les efforts et les préoccupations
de ces grands artistes, sollicités par les tendances diver-
gentes des écoles rivales.

La cathédrale de Marseille (fig. 18 et 19), commencée par
Vaudoyer en 1852, continuée par Espérandieu après la mort
de Vaudoyer, et achevée par M. Revoil, est une conception

vraiment originale, dont le plan révèle toute la grandeur. C'est à Marseille aussi qu'Espérandieu, élève de Vaudoyer, crée en 1862 le palais de Longchamp (pl. XVI), l'une des œuvres décoratives les plus complètes de ce siècle.

Au milieu de la confusion des idées, la lumière se fait peu à peu. Viollet-le-Duc, dès 1852, s'efforce de démontrer la nécessité d'un enseignement unique des arts, fondé sur l'étude simultanée des civilisations et de leurs œuvres, ainsi que sur l'analyse des œuvres elles-mêmes.

Critiquant les études abstraites, qui ont relégué l'art en dehors du domaine public, il veut que l'art moderne soit réellement l'expression de la civilisation moderne, que la décoration ne soit pas un accessoire, « rapporté comme un meuble dans un appartement, mais qu'elle tienne à l'édifice comme la peau tient au corps, en laissant deviner sa forme et sa charpente.

« Pour que l'artiste respecte son œuvre, dit-il encore, il faut qu'il l'ait conçue avec la conviction intime que cette œuvre est émanée d'un principe vrai, et, pour que l'artiste soit respecté lui-même, il faut que sa conviction ne puisse être mise en doute. Or, comment supposer qu'on respectera l'artiste qui, soumis à toutes les puérilités d'un amateur fantasque, lui bâtira, suivant le caprice du moment, une maison chinoise, arabe, gothique, ou de la renaissance? Que devient l'artiste au milieu de tout cela?

« N'est-ce pas le costumier, qui nous habille suivant notre fantaisie, mais qui n'est rien par lui-même, n'a et ne peut avoir ni préférence, ni goût propre, ni ce qui constitue avant tout l'artiste créateur, l'initiative? »

Château de Pierrefonds. Façade de la chapelle.

E. Viollet-le-Duc, architecte.

Château de Pierrefonds. Cheminée.

Composition de E. Viollet-le-Duc (aquarelle).

Viollet-le-Duc, joignant l'exemple à la parole, crée de toutes pièces, en artiste consommé, les décorations murales des chapelles de Notre-Dame, et commence la superbe restauration du château de Pierrefonds (pl. XVIII), où l'état des ruines laisse encore une part considérable à son imagination féconde. Il compose, avec la verve et la liberté des maîtres du moyen âge, tous les détails d'ornementation, les lambris en menuiserie des grandes salles, aussi bien que les peintures décoratives des cheminées (pl. XVIII), et réalise, par l'unité de la direction, l'unité de l'œuvre.

Traitant avec une égale compétence le costume, le mobilier, l'architecture militaire et jusqu'à la géographie, l'illustre artiste apporte dans toutes les parties de son œuvre immense la même sûreté de jugement, la même clarté d'exposition. Son influence s'accroît avec sa renommée, soit qu'il restaure les cathédrales de Paris, d'Amiens et de Reims, ou la Cité de Carcassonne, soit qu'il enseigne aux élèves de l'École de dessin la composition décorative, traçant d'une main prodigieusement habile, sous les yeux des élèves, la plante elle-même et son interprétation par la peinture ou la sculpture.

Aussi lorsque, en 1863, le gouvernement pressé par l'opinion publique, décide la réforme de l'enseignement des beaux-arts, l'Académie ne s'y trompe point, et c'est Viollet-le-Duc qu'elle rend responsable de l'atteinte portée à ses prérogatives. Le décret du 13 novembre 1863, qui institue à l'école un directeur choisi pour cinq ans et assisté d'un conseil supérieur d'enseignement, qui nomme des professeurs rétribués par l'État, qui crée des chaires nouvelles et des ateliers, est accueilli par les protestations de l'Académie des beaux-arts.

Ingres intervient dans ce débat, et l'illustre peintre démontre, par la faiblesse même de ses arguments, les erreurs de l'enseignement qu'il cherche à défendre. « Maintenant, s'écrie-t-il, on veut mêler l'industrie à l'art! L'industrie : nous n'en voulons pas! Qu'elle reste à sa place et ne vienne pas s'établir sur les marches de notre école, vrai temple d'Apollon, consacré aux arts seuls de la Grèce et de Rome! »

Et c'est un artiste, un Français, qui prononce ces paroles, semblant ignorer que la justesse de l'expression jointe à la perfection de la forme suffisent à déterminer le caractère artistique de l'œuvre la plus humble, et qu'un tableau médiocre, fût-il fait suivant la formule·classique, est inférieur, comme œuvre d'art, à une tapisserie, à un meuble, à un vase de terre, si cette tapisserie, ce meuble, ce vase, éveillent en nous l'idée de perfection inséparable de toute œuvre d'art.

Viollet-le-Duc, nommé professeur d'histoire de l'art et d'esthétique, se propose de mettre sous les yeux des élèves les types caractéristiques des civilisations successives, de leur montrer les rapports qui existent entre les œuvres et les idées ou les besoins de chaque époque, et de préparer ainsi, par l'étude des problèmes déjà résolus, la solution des problèmes nouveaux.

Il doit interrompre ses leçons à peine commencées. Quelques écoliers, s'érigeant en champions de l'Académie, ne craignent pas d'insulter l'illustre maître, que ses travaux désignent comme le véritable chef de l'école nouvelle, et

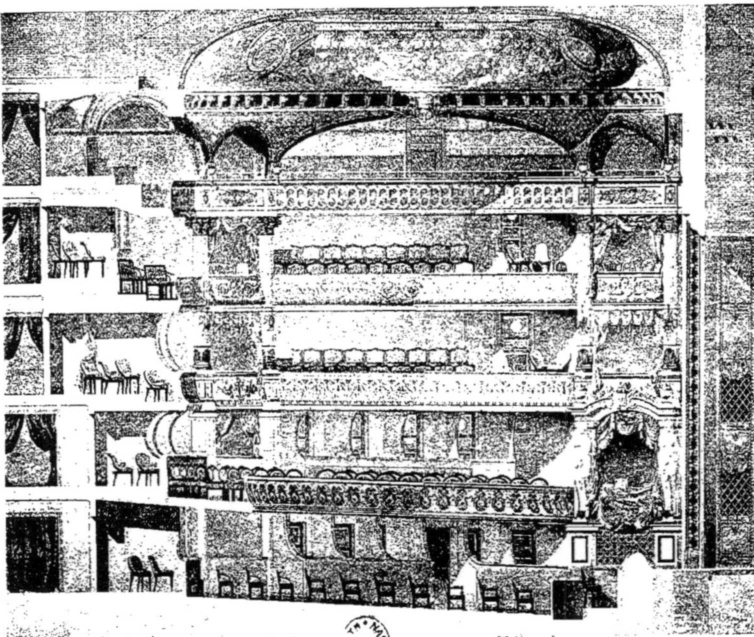

Théâtre du Vaudeville. Coupe sur la salle (aquarelle).

A. Magne, architecte.

Fig. 20. — Collège Chaptal, à Paris. Porte principale.

E. Train, architecte.

Viollet-le-Duc, mal soutenu par l'administration qui l'a choisi, « décidé », comme il l'écrit au directeur des beaux-arts, M. de Courmont, « à ne pas recevoir des coups par devant et par derrière », prend le parti de se retirer.

Viollet-le-Duc est, en cette circonstance, la victime expia-

Fig. 21. — Collège Chaptal. Porte latérale.
E. Train, architecte.

toire, sacrifiée à l'enseignement classique par une administration effrayée de sa propre audace. Mais il proclame, par ses admirables livres, cette vérité historique qu'on arrête au seuil de l'école, et son influence, grandie par l'intolérance même de ses détracteurs, s'étend désormais à toutes les branches de l'art moderne.

Collège Chaptal. Vue intérieure d'une cour.

E. Train, architecte.

Théâtre de l'Opéra, à Paris. Pavillon de la façade principale.

Ch. Garnier, architecte.

Davioud, dans ses théâtres de la place du Châtelet, dans sa fontaine de la place du Théâtre-Français, s'attache à la grâce et à la finesse des détails, parfois même aux dépens de l'ensemble ; mais son palais du Trocadéro, qu'il construit

Fig. 22. — Théâtre de l'Opéra. Façade latérale.

Ch. Garnier, architecte.

en collaboration avec M. Bourdais, est une œuvre vraiment moderne, dont quelques parties, le grand vestibule, les galeries extérieures, sont très remarquables.

Auguste Magne, dont les œuvres créées sous le second Empire, le théâtre de Vaudeville (pl. XIX), le théâtre d'Angers, tirent leur effet décoratif d'éléments empruntés à la renaissance française, donne un caractère franchement moderne à ses dernières créations, aux marchés des Martyrs et de l'Ave-Maria, à l'hospice et à la chapelle d'Albart dans le Cantal.

Des constructions hospitalières importantes, l'asile Sainte-Anne de Questel, l'asile de Vaucluse de Lebouteux, accusent, dans la conception claire des plans et dans la distribution des services les plus compliqués, les qualités renaissantes du génie français.

Le rationalisme, c'est-à-dire l'appropriation des formes décoratives à la construction même, tend à devenir le principe de toute composition moderne.

Ce principe est appliqué, parfois même jusqu'à ses extrêmes limites, dans l'un des édifices les plus intéressants qui aient été élevés sous le second Empire : le collège Chaptal de M. Train (pl. XX); chaque partie de la construction y est rigoureusement accusée à l'intérieur comme à l'extérieur (fig. 20 et 21). L'emploi de matériaux de coloration différente nuit sur quelques points à la simplicité des façades, mais la composition du plan est très remarquable, et l'œuvre, par la franchise même de sa décoration, exerce une sérieuse influence sur l'architecture de notre temps.

D'importants concours ouverts sous l'Empire pour la construction du nouvel Opéra, puis, après la chute de l'Empire pour la reconstruction de l'Hôtel de Ville de Paris et pour l'édification d'une église votive à Montmartre, sont l'occasion de véritables manifestations artistiques et témoignent, par les qualités diverses des œuvres exposées, du progrès de l'art moderne.

Théâtre de l'Opéra. Grand escalier.

Ch. Garnier, architecte.

Théâtre de l'Opéra. Foyer public.

Ch. Garnier, architecte.

Le nouvel Opéra de M. Ch. Garnier est une œuvre per-

Fig. 23. — Église d'Ermont (Seine-et-Oise).

sonnelle, dans l'ensemble et dans les détails, et la réali-
sation de cette œuvre colossale dénote chez son auteur un

véritable tempérament d'artiste et une rare énergie. Toutes les parties de cette œuvre, la façade principale (pl. XXI) comme la façade latérale (fig. 22), le grand escalier (pl. XXII) comme le foyer public (pl. XXIII), portent l'empreinte d'une seule volonté.

L'Hôtel de Ville de Paris, par le défaut même du programme qui exigeait la reproduction des parties essentielles de l'ancien monument, n'a pas, malgré de grandes qualités, le caractère original des œuvres créées de toutes pièces; tandis que l'église du Sacré-Cœur d'Abadie est une conception d'un seul jet, présentant en plan des dispositions vraiment grandioses.

Pendant que ces monuments s'élèvent, les restitutions archéologiques, faites d'après les édifices de la Grèce et de l'Italie par les pensionnaires de l'École de Rome, fournissent, pour l'étude des arts dans l'antiquité, une série de précieux documents. Les archives des monuments historiques s'enrichissent chaque année d'admirables dessins, qui reconstituent page par page toute l'histoire de l'art français, tandis qu'un musée de moulages, conçu par Viollet-le-Duc et réalisé par M. Antonin Proust, révèle aux Parisiens émerveillés les richesses de notre sculpture monumentale à tous les âges.

Mais cette accumulation de documents anciens n'exerce pas encore une influence décisive sur l'École des beaux-arts, où l'architecture est toujours enseignée d'après Vignole et Palladio.

C'est en effet à la connaissance des ordres que se réduit l'enseignement de l'art grec et de l'art romain; les études

Fig. 24. — Monument élevé à la mémoire d'Henri Regnault, à l'École des Beaux-Arts.

Coquart et Pascal, architectes. Chapu, statuaire.

mêmes, faites par les pensionnaires de l'École de Rome, ne sont pas suffisamment mises à profit, et l'esprit de routine survit encore à la réforme libérale de 1863.

L'étude des formes, indépendante de la construction, est actuellement encore l'une des erreurs de l'enseignement; mais cette erreur ne peut subsister longtemps. Les livres de Viollet-le-Duc ont en effet répandu partout le goût des arts; l'architecture n'est plus un art fermé, dont les formules abstraites n'étaient accessibles qu'à un petit nombre d'initiés; elle a repris la place qu'elle doit occuper dans la société contemporaine, et cette société réclame des œuvres appropriées à ses idées et à ses besoins.

Sans doute l'expression de notre civilisation toujours en mouvement, toujours en quête de progrès, est difficile; mais elle n'est pas impossible, et nous en avons la preuve dans les œuvres d'architecture utilitaire ou d'architecture privée, qui échappent aux prétentions monumentales de l'enseignement classique. Sans parler des édifices où le fer a une fonction prépondérante, comme les halles et les marchés, les gares de chemin de fer, les salles vitrées des grands établissements de crédit ou des grands magasins, ne voyons-nous pas s'élever dans les nouveaux quartiers de Paris des hôtels et des maisons correspondant aux goûts et aux besoins de notre temps?

Les exemples abondent et les conquêtes de l'architecture moderne ne s'arrêtent pas aux constructions privées; elles s'étendent encore aux édifices civils ou religieux, tendant à repousser, même pour les églises, fût-ce pour une église de village comme notre église d'Ermont (fig. 23), les pastiches

Monument élevé à la mémoire des généraux Lecomte et Clément Thomas.
Cimetière de l'Est, à Paris.

Coquart, architecte.

d'architecture grecque ou romaine aussi bien que les pastiches d'architecture du moyen âge. Les monuments commémoratifs nous fourniraient encore de précieux exemples. Henri Regnault est frappé à Buzenval, et le monument de l'École des beaux-arts, œuvre commune de MM. Coquart, Pascal et Chapu (fig. 24), éveille en nous le souvenir de la jeunesse et de la gloire du héros, comme le monument élevé sur le tombeau des généraux Leconte et Clément Thomas par M. Coquart, l'un des artistes les plus distingués de ce temps (pl. XXIV), exprime le dévouement austère à la patrie.

L'archéologie, substituée à l'art, demeure le véritable obstacle au progrès de l'art moderne. L'architecture doit s'affranchir de cette manie d'imitation qui livre les documents anciens au pillage effronté des pauvres d'esprit. Empruntant la parole autorisée de M. Eug. Guillaume, je dirai avec lui que toute œuvre qui, procédant servilement du passé, porte avec elle *la piqûre archéologique*, est une œuvre morte, et qu'elle disparaîtra.

L'art français, pour rayonner comme jadis dans tout l'Occident, doit conserver et développer les qualités propres à son génie : la clarté, la sobriété, le goût, et non s'accommoder aux exagérations d'autres pays et d'autres siècles. L'enseignement théorique des arts ne peut pas être localisé dans une époque ni dans un pays; car l'enseignement de l'architecture comprend nécessairement, dans leur ordre de succession naturelle, les types caractéristiques de toutes les civilisations, allant de l'art égyptien à l'art français moderne, en étudiant aussi bien l'Assyrie et la Perse que la Grèce et l'Italie, l'art byzantin et l'art arabe que notre art du moyen âge.

Pourquoi laisser de côté l'une de ces admirables manifestations artistiques? Les arts ne se suivent-ils point comme les anneaux d'une même chaîne? En quoi l'art bâtard d'un Vignole ou d'un Palladio est-il plus classique que l'art du palais de Darius, de la mosquée de Touloun ou de la cathédrale de Poitiers?

L'histoire complète de l'art exige pour toutes les époques, pour toutes les civilisations, l'étude que Viollet-le-Duc a faite sur l'art français, étude qui montre l'œuvre elle-même dans la civilisation dont elle est l'expression, prouvant qu'une forme décorative n'est pas une abstraction, mais la conséquence nécessaire d'une idée ou d'un besoin.

Peut-on apprécier justement le temple de Pæstum ou le Parthénon, si l'on ne connaît la religion des Grecs et celle des colons qui peuplèrent l'Italie et la Sicile? Peut-on comprendre l'admirable plan des thermes de Caracalla, si l'on ignore les mœurs de la société romaine sous l'Empire, la destination de ces salles, de ces portiques dont les formes et les dispositions ne résultent pas d'une harmonieuse combinaison de lignes, mais de besoins clairement exprimés?

Si l'archéologie, telle qu'elle est enseignée de nos jours dans les écoles, ne produit le plus souvent que des pastiches, c'est précisément parce qu'elle s'applique à l'étude des formes, sans chercher à connaitre la pensée qui les a créées; l'ignorance seule produit l'imitation servile, dont souffrent encore quelques-unes de nos industries d'art.

L'originalité, quoi qu'on fasse, résultera toujours de l'expression sincère de l'idée ou du besoin et de l'harmonie complète entre la forme et la matière mise en œuvre. L'initiative de l'artiste ne doit point être soumise à d'autres lois. Réduire l'art à l'application de formules, c'est arrêter l'essor de la pensée, c'est abaisser le génie humain.

Si l'étude des civilisations anciennes et de leurs œuvres est indispensable à l'enseignement des arts, elle doit avoir pour but de développer. par l'analyse des œuvres, les qualités originales des jeunes artistes, et non de les égaliser sous le niveau d'une éducation qui assure le succès au travail de la médiocrité patiente plutôt qu'à l'initiative du talent. Les matériaux admirables, accumulés dans nos archives depuis cinquante ans, doivent servir au développement de la pensée et non à l'imitation banale de formes étrangères à notre siècle.

Un archéologue, l'éminent Vitet, a lui-même proclamé cette vérité, en s'adressant à l'une des nombreuses sociétés archéologiques qui fleurissent sur notre sol. « Jamais dans ce monde, dit-il, l'art ne s'est produit deux fois sous la même forme; ou, la seconde fois, ce n'était que du métier. Honneur à ceux qui, même aujourd'hui, ne désespèrent pas d'inventer une architecture nouvelle! Qu'ils ne s'inspirent ni des formes antiques ni des formes du moyen âge; qu'ils se pénètrent seulement de la pensée mère qui les engendra, pensée d'artiste et non d'archéologue! Surtout, qu'ils se préparent à tenir grand compte de toutes les exigences de notre civilisation, de nos idées et de nos habitudes! C'est en leur obéissant, c'est en cherchant à les comprendre et à les

satisfaire, qu'ils auront chance de découvrir quelque chose
d'original. Une architecture qui sait s'accommoder aux besoins de son temps, n'est jamais ni banale ni insignifiante. »

Sages paroles, que devraient méditer tous ceux qui ont
l'ambition d'ajouter une œuvre nouvelle aux œuvres des
siècles passés !

Le temps n'est plus d'ailleurs où la construction d'une
église dédiée à Sainte-Clotilde et conçue, du moins le
croyait-on, suivant les formes usitées au moyen âge, dé-
chaînait les colères des classiques et décidait l'Académie
des Beaux-Arts à signaler aux pouvoirs publics, dans une
déclaration solennelle, les inconvénients et les dangers de
l'entreprise. L'église de Gau ne méritait pas des attaques
aussi passionnées; elle ne nous apparaît aujourd'hui que
comme une pauvre imitation d'un art mal compris et nul
artiste ne songe plus à renouveler une tentative de ce
genre.

L'initiative individuelle a fait, depuis quarante ans, des
efforts considérables, et l'art s'est enrichi d'œuvres originales dans tous les genres. Quelques critiques, à l'esprit
chagrin, s'irritent de ne point trouver aujourd'hui l'unité de
style qui caractérisa les époques où l'art était enfermé dans
les corporations. C'est méconnaître absolument l'esprit
moderne, esprit de sincérité et de liberté, qui laisse à
chacun l'entière responsabilité de ses œuvres. Aujourd'hui
l'art français ne peut subir que l'influence morale d'un
maître incontesté, dont les œuvres s'imposeront à l'admiration de tous. Cette suprématie vaut bien, ce me semble, celle
d'une corporation, et si, de nos jours, les efforts personnels

se manifestent de toutes parts, en toute liberté, qui donc peut songer à s'en plaindre?

Est-ce là vraiment une critique des œuvres contemporaines? Pour moi, j'y trouve un éloge, et le plus juste qu'on puisse faire de l'art moderne.

Conférence faite au Palais du Trocadéro, le 25 juillet 1889.

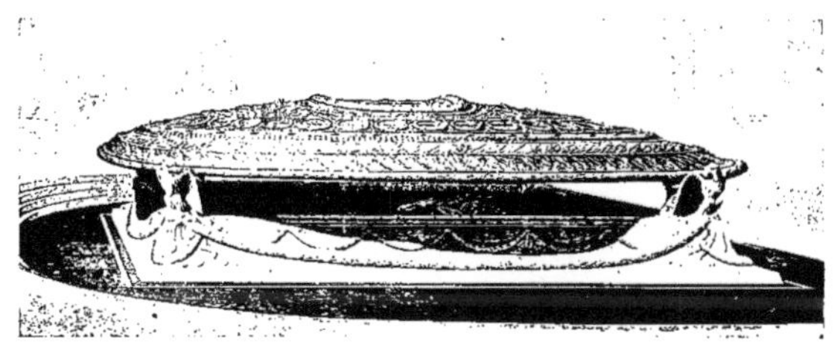

Projet pour le tombeau de Napoléon 1er.

Composition de H. Labrouste (aquarelle).

TABLE DES PLANCHES

TABLE DES FIGURES